조민기

꽃미남 중독

역사를 전공하지 않은 역사 작가로 한양대학교에서 문화인류학을 전공했다. 한 시대를 흔들었던 아름다운 인물에 대한 애정을 팬의 마음으로 연재한 칼럼 〈꽃미남 중독〉이 뜨거운 호응을 받으며 칼럼니스트로 자리매김했고 〈외조 - 성공한 여자를 만든 남자의 비결〉을 펴내며 작가가 되었다.

역사는 이야기다

잘 알려진 역사의 측면과 이면에 존재하는 숨은 이야기를 찾아서 생생하게 전달하는 역사 스토리텔러이자 역사와 인물에 대한 애정과 관심을 바탕으로 다섯 권의 역사책을 펴낸 베스트셀러 작가이자 강사로 활동하고 있다.

지금까지 펴낸 책

〈외조 - 성공한 여자를 만든 남자의 비결〉 〈조선임금잔혹사〉 〈조선의 2인자들〉 〈세계사를 움직인 위대한 여인들〉 〈부처님의 십대제자 - 경전 속 꽃미남 찾기〉 〈그녀는 다시 태어나지 않기로 했다 - 붓다를 만난 여인들〉 영화소설 〈봄〉 창작 그림 동화 〈친구를 만나러 왔어요〉 육아에세이 〈아기부처 엄마보살〉 역사 시리즈 〈3분 실록〉 등

3분만에 읽는 조선왕조실록

부관참시 당한 비선실세 궁녀

조민기 지음

〈3분 실록〉 소개

역사는 흥미롭지만 어렵고 두꺼운 책은 싫은 당신에게 〈3분 실록〉 시리즈를 추천합니다. 실록에 기록된 내용을 바탕으로 유명한 인물부터 잘 알려지지 않은 인물까지 100% 정사로 풀어냈습니다.
출·퇴근길, 등·하굣길에 언제 어디서든 읽기 편한 작은 판형과 얇은 분량으로 알차게 채운 〈3분 실록〉! 이제 간편하게 역사 이야기를 즐겨보세요.

〈3분 실록〉 특징

〈3분 실록〉 시리즈는 책의 등장인물과 사건을 사극의 한 장면을 보는 것처럼 생생하게 각색한 짧은 이야기 '3분 소설'로 시작해 쉽게 몰입할 수 있습니다.
또한 실존 인물인 주인공과 관련된 실록의 내용을 발췌하여 수록한 본문은 야사나 설화가 아닌 정사의 관점으로 역사를 친절하게 안내합니다.

〈3분 실록〉은 계속됩니다.

세종 27년1445 1월, 경복궁 강녕전

천연두를 앓던 광평대군세종과 소헌왕후의 다섯째 아들이 세종 26년1444 12월 끝내 회복하지 못한 채 20세에 세상을 떠났다. 세종 27년 1월엔 평원대군마저 천연두로 목숨을 잃었다. 한 달 사이로 두 아들을 잃은 세종과 왕비 소헌왕후는 슬픔을 가눌 길이 없었다. 세종은

7년 전 13세 광평대군을 무안대군[1]의 봉사손으로, 12세 금성대군세종과 소헌왕후의 여섯째 아들을 의안대군[2]의 봉사손으로 삼아 제사를 받들게 했다. 아버지 태종 이방원에게 비참하게 목숨을 잃은 숙부의 넋을 위로하려던 선택이었는데 광평대군이 무안대군의 불행을 물려받은 것이 아닌가 싶어 세종의 마음은 한없이 무거웠다. 게다가 광평대군의 아내 영가부부인 신씨는 남편을 잃은 충격을 견디지 못하

1) 태조 이성계와 신덕왕후 강씨의 첫째 아들. '제1차 왕자의 난' 때 태종 이방원에게 목숨을 잃었다.
2) 태조 이성계와 신덕왕후 강씨의 둘째 아들. 조선 최초의 세자로 '제1차 왕자의 난' 때 태종 이방원에게 목숨을 잃었다.

고 출가했다. 세종은 애끓은 심정을 부여잡고 광평대군이 남긴 하나뿐인 손자 영순군을 궁으로 데려왔다.

“가까이 오라.”

주상전하의 윤음을 들은 유모 홍씨가 갓난아기를 품에 안고 조심스럽게 앞으로 나아갔다. 대군의 적장자로 태어났으나 세상에 나온 지 반년 만에 아버지를 여의고, 어머니는 비구니가 됐으니 임금의 손자라 해도 갓난 아기씨는 고아나 다름없었다.

광평대군의 노비 조두대는 안타까운 눈으로 유모의 품에 안긴 아기씨를 바라보았다. 세종이 광평대군의 집을 자주 찾았기에 조두대는 주상 전하의 용안을 몇 번

뵌 적이 있었으나 경복궁에서는 처음이었다. 좋은 일로 부름을 받았다면 곁눈질을 해서라도 대궐 구경을 할 텐데 온통 슬픔으로 가득한 분위기라 고개를 움직일 겨를도 없었다.

"이제 이곳이 너의 집이다. 이 할아비와 할미가 아비와 어미를 대신하여 너를 돌볼 것이니 아무 걱정 말거라."

손자를 보며 눈시울이 붉어진 세종에게 소현왕후가 말했다.

"궁에서 자라면 원손[3)]도 외롭지 않을 것입니다."

3) 단종. 단종의 어머니 현덕왕후는 단종이 태어난 다음 날 세상을 떠났다.

세종이 고개를 끄덕였다.

"아기씨가 지낼 처소를 준비할 것이니 너희는 궁에 남아 아기씨를 보살피도록 하여라."

"그리하겠사옵니다."

유모 홍씨와 조두대는 고개를 깊이 숙였다. 아기씨에게 꼭 필요한 유모 홍씨와 달리 다른 곳으로 보내지거나 팔려갈까 싶어 초조했던 조두대는 세종과 소헌왕후의 배려에 그야말로 성은이 망극했다. 노비에 불과한 자신이 이제부터 대궐에서 먹고 자며 살게 되다니 믿어지지 않았다.

노비 조씨,
궁녀로 발탁되다

조두대는 광평대군의 가노家奴였다. 본디 신분이 노비였기에 태어난 연도는 전해지지 않는다. 조두대는 노비였으나 똑똑하고 총명했으며 광평대군은 그에게 아들 영순군을 돌보는 임무를 맡겼다. 영순군은 광평대군의 첫 자식이자 첫아들이었으니 몸종이던 조두대는 자못 중요한 임무를 맡은 셈이다.

광평대군은 세종과 소헌왕후의 다섯째 아들로 용모가 아름답고 아버지 세종을 닮아 학문에 출중했다. 그는 문장, 글씨, 무예에도 빼어난 천재일 뿐 아니라 성품이 관대하고 자애롭기로 정평이 나 있었다. 광평대군은 다른 노비가 부러워할 만한 좋은 주인이었다.

하지만 세종 26년1444, 영순군이 태어난 지 얼마 지나지 않아 불행이 파도처럼 밀려왔다. 늦가을 무렵 천연두를 앓기 시작한 광평대군이 해를 넘기지 못한 채 세상을 떠났고 남편을 잃은 광평대군의 부인 신씨는 머리를 깎고 출가했다. 이때 영순군은 태어난 지 겨우 6개월밖에 되지 않은 갓난아기였다. 주인을 잃은 조두대는 유모 홍씨와 함께 갓난 영순군을 보살폈다. 전화위복이라고 했던가. 얼마 후 영순군을 대궐로 부른 세종의 명에 따라 조두대는 유모 홍씨와 함께 궁에서 생활하게 됐다. 정식 궁녀로 선발되진 않았지만 왕실의 특별한 상황에 따른 일종의 특채였다.

당시 세종은 세종 23년1441 8월 세자빈 권씨현덕왕후의 죽음과 세종 26년 12월 광평대군의 죽음, 세종 27년1445 1월 평원대군의 죽음까지 며느리와 아들을 연이어 잃고 심신이 무너져 내린 상태였다. 경연에서 신하를 압도할 정도로 성리학에 능통했던 세종은 사랑하는 이들의 연이은 죽음으로 불교에 심취하는 한편, 은밀하게 훈민정음을 창제했다. 불교에 대한 세종의 관심과 새로운 문자 창제에 신하들은 거세게 반발했다. 조선의 지배층인 사대부는 성리학을 통치 이념으로 내세우며 불교를 억압했으나 조선의 백성은 1천 년 넘게 이어져 온 불교를 여전히 의지하고 있었다. 소헌왕후를 비롯한 왕실 여인들 역시 암암리에 불공을 드리거나 기도하는 일이 많았다. 조두대 역시 불교를 의지했고 얼마 지나지 않아 천재적인 언어 자질을 드러내기 시작했다. 세종은 그의 재능을 단번에 파악했다.

언어 천재 궁녀의 탄생

조두대는 궁녀가 되면서 자신이 알지 못했던 재능을 발견했다. 그는 어렵지 않게 한문을 배웠고 이내 한자를 읽고 쓸 줄 알게 됐다. 당시 한자는 남성의 문자로 왕실이나 사대부 여인 중에서도 한자를 모르는 이가 많았다. 세종은 조선의 그 어떤 임금보다도 백성과 인재를 중시하는 군주였다. 노비 장영실을 관리로 발탁하지 않았던가. 하지만 조두대는 여인이었기에 천부적인 재능이 있다 해도 장영실과 같은 입신양명은 불가능했다.

반면 궁녀였기에 좋은 점도 있었다. 세

종과 왕비의 은밀한 임무를 수행할 자격과 환경이 충분했기 때문이다. 한문을 익힌 조두대는 나아가 이두와 불경의 근간이 되는 범어梵語, 산스크리트어에도 능통하게 됐다. 이는 조두대가 궁녀로서 한문, 불경, 이두, 범어 등을 공부할 수 있는 곳에서 일했다는 증거이기도 하다.

훈민정음을 창세하고 빈포한 세종이 가장 먼저 한글로 만들어 배포한 책자는 석가모니 부처님의 일대기를 담은《석보상절》이다. 불교와 인연이 깊고 범어와 한문에 능통하며 이두의 체계를 이해했던 조두대는 창제자 세종만큼이나 훈민정음을 가장 완벽하게 파악한 인물로 훈민정음의 수정, 보완, 반포 그리고《석보상절》

의 탄생 과정에서 중요한 역할을 했으리라 추측할 수 있다. 훈민정음은 뛰어난 문자이지만 1천 년 넘게 한자에 의존해왔던 사대부는 새롭게 창제된 문자를 이해하기 어려웠다. 한자를 고집하는 사대부와 달리 조두대는 훈민정음을 자유자재로 완벽하게 읽고 쓸 수 있는 몇 안 되는 인물이었으며 문장력까지 뛰어났다.

이러한 능력 덕분에 조두대는 입궁의 계기였던 영순군이 장성하여 대궐 밖으로 나간 후에도 궁에 남았다. 조두대를 눈여겨본 이는 더 있었다. 본디 불심이 깊었던 세종의 둘째 아들 수양대군은 《석보상절》 제작을 담당했는데 이때 조두대의 재능과 불심은 수양대군에게 깊은 인상을 남겼다. 훗날 수양대군이 제7대 임금 세조로 즉위하면서 조두대의 삶은 '권력의 측근'이라는 새로운 국면을 맞이했다.

계유정난의 혼란이 조두대에겐 기회로

30년 넘게 재위하며 성군의 기준을 만들었던 세종이 1450년에 승하하고 문종이 즉위했다. 문종은 조선 건국 이후 처음으로 임금의 적장자로서 세자를 거쳐 왕위에 올라 정통성에 조금의 결함도 없었다. 태조 이성계에서 제4대 임금 세종에 이르기까지 조선의 임금은 적장자가 왕위를 계승하지 않고 '양위'

로 즉위해왔다. 제5대 임금 문종은 선왕 세종이 승하한 후 세자가 왕위를 계승해 임금으로 즉위한 첫 번째 왕이었다.

문종이 즉위한 후 문종의 세자 시절에 국가 정책을 함께 연구하고 토론했던 집현전 출신의 성삼문, 박팽년, 신숙주 등이 조정으로 나왔고 세종 시절 국경을 수호했던 북방의 호랑이 김종서도 중앙 정계로 돌아왔다. 문종의 시대는 학문이 출중하고 노련한 경륜을 가진 젊은 관리가 조정을 이끄는 생동감 넘치는 시대였다. 하지만 그의 재위는 너무도 짧았다. 건강이 좋지 못했던 문종은 왕위에 오른 지 2년 2개월 만에 승하했고 문종의 외아들이자 세손을 거쳐 세자의 자리에 있던 단종이 왕위에 올랐다.

단종은 왕위에 올랐을 때 12세에 불과했으나 곧바로 친정을 해야 했다. 살아 있었다면 대왕대비의 자리에 올랐을 소헌왕후는 세종보다 먼저 세상을 떠났고, 대비 자리에 올랐을 어머니 현덕왕후는 단종이 태어난 다음 날 세상을 떠났다. 세자빈 현덕왕후가 세상을 떠난 후 문종은 새로운 세자빈을 뽑지 않았고 왕위에 오른 후에도 왕비를 맞지 않았다. 문종이 승하한 후 문종의 후궁은 출궁했고 내명부[4]에는 궁녀만 있을 뿐 수렴청정을 할

4) 조선시대 궁중에서 봉직한 빈嬪·귀인貴人·소의昭儀·숙의淑儀 등을 통틀어 일컫는 여관의 명칭.

수 있는 인물은 없었다.

단종은 문종의 외아들이었으나 세종에게는 아들이 18명 있었다. 즉, 왕위에 오른 단종의 곁에는 건장한 숙부가 15명이나 있었다는 뜻이다. 이들 중 일부는 단종을 보호하고 보좌했으며 일부는 왕위와 권력에 대한 야망을 숨기지 않았다. 후자의 대표적인 인물이 바로 세종의 둘째 아들 수양대군이다. 단종 즉위 이듬해인 1453년 계유년, 수양대군은 결국 계유정난을 일으켜 정권을 장악했다. 좌의정 김종서를 직접 척살한 수양대군은 친동생이자 단종을 보호하던 안평대군마저 제거했다. 수양대군은 단종 3년1455에 마침내 단종의 양위를 받아 왕위에 올랐다.

제7대 임금 세조의 즉위로 세종-문종-단종으로 이어졌던 적장자 계승의 원칙은 완전히 어긋났다.

문종의 승하와 단종의 즉위, 계유정난과 세조의 즉위 등 권력이 급속하게 이동하면서 많은 사람이 숙청됐고 많은 가문이 몰락했으며, 누군가는 벼락 출세를 했다. 권력 이동을 통해 더 큰 부귀를 보장받은 이도 있었다. 세종과 문종의 신임을 받으며 권력을 누렸던 일부 신하는 세조의 편에 서서 더 큰 권력과 부귀를 거머쥐었다.

종친과 후궁의 삶도 완전히 바뀌었다. 단종을 보살피기 위해 궁으로 돌아왔던 세종의 후궁 혜빈 양씨와 그의 세 아들은 세조에 의해 죽음을 맞았고, 화의군세종과 영빈 강씨의 아들과 금성대군은 단종의 복위를 꾀하다가 각각 유배되고 처형됐다. 궁의 주인이 달라지자 궁녀의 삶도 크게 변했다. 수양대군 시절부터 세조와 인연이 있던 조두대는 세조의 왕비 정희왕후의 눈에 들면서 출세의 길이 열리기 시작했다.

세조의 불경 간행에 동참하고 궁체를 창시하다

세조는 왕위를 위해 친동생 안평대군과 금성대군 그리고 조카 단종을 죽였다. 권력을 손에 넣기 위해 피도 눈물도 없는 선택을 했던 세조는 독실한 불자였다. 즉위 후 강력한 왕권을 발휘한 세조가 불심을 드러내면서 '숭유억불'의 통치 이념은 퇴색됐고 불경 간행 작업이 본격적으로 이루어졌다. 이 무렵 조두대는 불경에 대한 깊은 이해와 천재적인 언어 능력으로 세조의 허락을 받아 불경 간행에 적극적으로 동참했다.

조두대는 노비 시절에 제대로 교육을 받거나 학문을 익힐 기회가 없었으나 궁녀가 된 후 임금의 배려로 마음껏 공부하며 누구보다 빠르게 재능과 실력을 키워 나갔다. 세종이 훈민정음 창제와 수정 및 보완, 반포에 심혈을 기울였던 시기에 궁녀가 된 것도 유효했다. 조두대의 천재성은 훈민정음의 등장으로 더욱 빛을 발했는데 정인지는 훈민정음 해례본[5]의 서문에서 이렇게 말했다.

(중략) 계해년 겨울에 우리 전하께서 정음正音 28자字를 처음으로 만들어 예의例義를 간략하게 들어 보이고 명칭을 《훈민정음訓民正音》이라 하였다. 물건의 형상을 본떠서 글자는 고전古篆을 모방하고, 소리에 인하여 음音은 칠조일곱 음

5) 세종 28년1446에 훈민정음 28자를 세상에 반포할 때 찍어낸 판각 원본. 세종이 훈민정음의 창제 이유를 직접 밝힌 어제 서문과 자음자와 모음자의 음가와 운용 방법을 설명한 예의例義, 훈민정음을 해설한 해례, 정인지 서序로 되어 있다. 대한민국 국보로 1997년에 유네스코 세계 기록 유산으로 지정됐다.

계에 합하여 삼극三極, 천지인天地人을 뜻함의 뜻과 이기二氣, 음양陰陽의 정묘함이 구비 포괄되지 않은 것이 없어서, 28자로써 전환하여 다함이 없이 간략하면서도 요령이 있고 자세하면서도 통달하게 되었다. 그런 까닭으로 지혜로운 사람은 아침나절이 되기 전에 이를 이해하고, 어리석은 사람도 열흘 만에 배울 수 있게 된다. (하략)

《세종실록》 113권 | 세종 28년 9월 29일

정인지의 말처럼 아침나절이 되기 전에 훈민정음의 자음과 모음 28자를 통달하여 이해한 사람은 아마 조두대가 아니었을까. 실제로 조두대는 궁녀의 서체, 궁체의 창시자다. 한자에 이어 이두[6]와 범어를 능숙하게 익히고 훈민정음의 체계와 구조 그리고 읽기와 쓰기를 완벽하게 파악한 조두대는 세조가 주도한 불경 번역 작업의 핵심 인물 중 한 명으로 자리매김했다.

세조는 훈민정음 창제에도 그림자로 활약했으며 즉위 후 간경도감을 설치하고 대대적으로 한문으로 된 불경을 훈민정음으로 번역하고 발행했다. 세조의 왕사王師였던 승려 신미대사가 간경도감의 총

6) 한자의 음과 훈을 빌려 우리말을 기록하던 표기법.

책임을 맡았다. 세조는 세조 5년1459에 부처님의 일대기를 담은 《석보상절》과 부처님의 공덕을 찬양하는 《월인천강지곡》을 합친 《월인석보》를 간행했다. 《석보상절》과 《월인천강지곡》은 수양대군 시절, 세조가 세종의 명을 받고 제작한 한글 불서였으니 왕위에 오른 후 간행한 《월인석보》는 그 의미가 남달랐다. 간경도감에서 최초로 한글 번역된 불경은 세조의 친필로 간행된 《능엄경》[7]이다. 세조는 능엄경 발문에서 번역 과정을 상세히 밝히며 동

7) 보물 제1520호 《대불정여래밀인수증요의제보살만행수능엄경》. 훈민정음 창제 무렵 한글의 특징을 담고 있어 조선 초기 활자 연구에 귀중한 판본이다.

참했던 사람의 이름을 모두 언급했는데 그중엔 조두대의 이름도 있었다.

상세조이 한문에 토를 달고 혜각존자 신미대사가 토를 단 문장을 확인하면, 수빈 한씨세조의 맏며느리, 훗날 인수대비가 소리내어 읽으며 교정하고 한계희, 김수온이 그것을 들으며 번역하여 적는다. 박건, 윤필상, 노사신, 정효상 등이 번역된 문장을 서로 고찰해보고 영순군광평대군의 아들이 예例를 정하며, 조변안과 조지가 한자에 동국정운에 따른 운을 적고 신미와 사지, 학열, 학조 스님이 잘못

된 번역을 고치면 최종적으로 세조가 보고 난 후 조두대가 문장을 소리 내어 읽었다.

《능엄경언해》 권10 어제발문

세조가 주도한 역경 사업불교 경전 번역에는 스님과 여인도 동참했다. 수빈 한씨는 불심이 깊고 한문에 능통한 세조의 며느리였고, 집현전 학사 출신의 김수온은 신미대사의 동생으로 당대의 석학이자 불교와 불경에도 통달한 인재였다. 세조와 그의 며느리 수빈 한씨 그리고 당대의 고승 및 석학이 나란히 능엄경을 번역하면 조두대가 마지막에 한글로 번역한 불경을 소리 내어 읽는 역할을 맡았다. 조선시대 궁궐에서 임금과 신하, 승려와 궁녀 그리고 세자빈이 한자리에 모여 앉아 불경을 소리 내어 읽으며 한글로 옮기는 작업을 함께했다니 상상만 해도 놀라운 광경이다.

세조는 그가 재위했던 14년 동안 많은 이들을 처형했고 사랑하는 아들 의경세자를 잃었다. 재위 말년 건강이 악화된 세조는 치료를 위해 기도와 불공을 올리고자 종종 궁을 비우고 사찰을 찾았다. 세조 12년1466 세조는 악화된 피부병을 치료하기 위해 강원도 오대산 상원사에 행차했다. 의숙공주세조와 정희왕후의 딸 부부는 세조의 건강과 복을 기원하며 문수동자불상을 제작해 상원사에 시주했는데 이후 세조의 건강이 일시적으로 좋아졌다.

상원사에서 세조를 수행하면서 이 과정을 지켜본 조두대는 덩달아 불심이 깊어졌고 전 재산을 불사에 바치기에 이른다. 조두대는 자신의 출세와 부모의 극락왕생, 세조의 만수무강을 기원하며 상원사 부근의 영감암을 중창낡은 건물을 고치거나 다시 세움했다. 미래의 성공을 위해 궁녀로 지내며 모아왔던 재산을 기꺼이 바친 셈이다. 일찍이 고려 말의 고승 나옹선사가 수행정진했으나 조선 건국 이후 쇠락해버린 영감암 중창은 무려 2년 반에 걸쳐 진행됐다. 일개 궁녀가 암자를 중창할 정도의 재산을 갖췄다는 사실도 놀랍지만 그 재산을 자신의 복을 위해 기꺼이 불사에 바쳤다는 점에서 더욱 놀랍다. 영감암 중창 불사 후 조두대는 그의 바람대로 진정한 성공을 누리기 시작했다.

왕실의 신임을 받고 조정에 보이지 않게 관여할 수 있던 조두대에게 약점이 있다면 '노비'라는 신분이었다. 하지만 세조는 승하하기 전 조두대가 양인이 될 수 있게 허락했고 이로써 조두대는 궁녀 중에서도 가장 높은 신분과 지위를 갖추게 됐다.

> 시녀 두대가 공사를 출납하는 데 공이 있으니, 명하여 길이 양인良人이 되게 하였다.
>
> 《세조실록》 44권 | 세조 13년 10월 23일

정희대비[8]의 권력은 조두대의 붓 끝에서

1468년 9월 7일 세자 예종에게 왕위를 물려준 세조는 바로 다음 날인 9월 8일 52세로 승하했다. 세조의 승하 하루 전, 양위를 통해 예종이 즉위했기에 왕위는 공백 없이 이어졌다. 하지만 왕위에 오른 예종은 아직 성년이 되지 않은 19세였다. 이에 세조의 왕비이자 예종의 어머니 정희왕후가 조선 최초의 대비가 되어 수렴청정을 시작했다.

8) '정희貞熹'는 왕비의 시호이고 대비의 존호는 '자성慈聖'이다. 자성대비가 맞는 표현이나 왕비의 시호에 대비를 붙인 '정희대비'라는 표현이 대중적이기 때문에 '정희대비'로 표기했다.

정희대비는 대신과 예종의 뜻에 따라 수렴청정을 수락했으나 한 가지 큰 문제가 있었다. 정희대비는 문자한문를 읽고 쓰지 못했는데 정무에 필요한 문서가 모두 한문이었던 것이다. 구두로 정무를 처리한다 해도 문서는 끝없이 많았다. 예종은 정희대비의 결제가 필요한 정무가 있으면 승전색[9]을 통해 한글로 번역된 문서를 전했다. 그러면 문서를 확인한 정희대비가 전언[10]을 통해 한글로 작성한 교지

9) 조선시대 내시부에 소속된 관직으로 왕명을 전하는 임무를 맡은 환관을 부르는 말.
10) 승전색 역할을 하는 종7품 궁녀로 왕의 명령을 백성에게 널리 알리고 왕에게 아뢰는 역할을 하며 상궁의 지시를 받았다.

를 승정원에 전했고, 승정원에서는 이를 바탕으로 다시 한문 교지를 작성했다. 이 과정에서 한자와 한글에 모두 능한 조두대가 정희대비의 입과 손이 됐다.

조두대는 세조 시절 이미 공사를 출납하는 전언의 업무를 수행하며 쌓은 실력으로 정희대비의 수렴청정을 통해 정5품 상궁으로 승진했다. 조두대는 정희대비에게 오는 문서와 결제할 서류를 읽어주고, 정희대비가 내리는 교지나 명령문 작성을 전담하는 서사 상궁의 업무를 맡았다. 정희대비는 조두대의 총명함이 마음에 쏙 들었고 그의 문장에도 만족했다. 이로써 조두대는 대궐에서 논의하는 모든 정무를 가장 빨리 알았고 정무가 어떻게 결정

됐는지 가장 먼저 아는 인물이 되었다. 정보가 권력이라면 조두대는 권력의 중심에 있었고 붓끝으로 권력을 좌우할 수도 있었다.

1469년 11월 28일 예종이 20세로 승하하면서 성종이 임금으로 즉위했다. 성종은 예종이 승하한 당일에 왕으로 즉위했는데 《조선왕조실록》에 따르면 이미 옷을 갖춰 입고 대기 중이었다. 조두대는 예종 곁에서 임종을 지키던 정희대비와 차기 임금에 대한 결정을 듣기 위해 방 밖을 지키는 신하 사이를 오가며 정희대비의 뜻에 따라 성종이 순조롭게 즉위할 수 있도록 도왔다. 정희대비는 아직 13세였던 성종을 대신해 수렴청정을 이어 갔다.

조두대의 영향력이 얼마나 막강한지 이미 알고 있는 신하들은 앞다투어 그에게 은밀하게 줄을 댔다. 조두대는 그렇게 또다시 문고리 권력이자 비선실세로 우뚝 섰다.

인수대비와 조두대의 인연

의경세자의 차남이었던 성종은 숙부 예종의 아들로 입적되어 왕위를 계승했다. 왕위를 계승할 명분이 가장 낮았던 성종이 임금이 될 수 있던 이유는 당대의 권력자 한명회의 사위였기 때문이다. 성종은 즉위 후 친아버지 의경세자를 '덕종'으로 추숭했는데 이는 세자빈의 지위에 머물던 친어머니 수빈 한씨를 왕비로 승격하기 위해서였다. 소혜왕후로 승격된 한씨는 궁으로 돌아왔고 마침내 대비의 자리에 올랐으니 그가 바로 인수대비다.

성종의 재위 시절, 왕실에는 세조의 왕비 정희대비와 덕종의경세자의 왕비 인수대비 그리고 예종의 왕비 인혜대비까지 대비가 무려 세 명이나 있었다. 의경세자와 예종은 모두 20세를 넘기지 못하고 세상을 떠났으니 인수대비와 인혜대비 역시 20세 전후로 남편을 잃었다는 공통점이 있었다. 대비의 친인척은 조정의 요직을 두루 차지했고 성종의 장인인 한명회는 외척의 지위와 권세를 마음껏 누렸다.

성종은 즉위하고 성년이 될 때까지 7년 동안 왕권을 발휘하거나 조정을 이끄는 대신 학문을 최우선으로 익혔다. 오랫동안 궁녀 생활을 했던 조두대는 정희대비의 수렴청정이 영원할 수 없다는 것을 알고 있었다. 조두대는 이를 대비해 인수대비와 인연을 다져나갔다. 인수대비와 조두대는 세조 시절부터 불경을 간행하는 일을 함께했기에 서로의 욕망과 능력도 잘 알고 있었다.

성종 4년1473, 대비의 주도로 간택 후궁 네 명이 뽑혔다. 왕비 공혜왕후는 줄곧 건강이 좋지 않아 자식을 두기 어려웠기에 서둘러 간택 후궁을 입궁시켰다. 이듬해 공혜왕후는 세상을 떠났는데 그의 장

례가 끝난 후 인수대비는 성종의 후궁을 다스리기 위해 옛 고서를 참고·인용하여 《내훈內訓》[11]을 직접 썼다. 인수대비는 한문과 한글에 모두 능했는데 대궐에 그만큼 한문과 한글을 잘 아는 사람은 조두대밖에 없었다. 《내훈》을 완성한 인수대비는 조두대에게 발문[12]을 부탁했다. 대비가 일개 궁녀에게 직접 저술한 책의 발문을 써달라고 부탁하다니 실로 대단한 일이었다.

11) 성종의 어머니 인수대비가 성종 6년1475 부녀자의 교육을 위해 편찬한 책으로 최초의 한글 여성 교훈서이다. 한문 원전에 한글로 토를 단 후에 한글 번역문을 썼다.
12) 책 끝에 본문 내용이나 간행 경위·날짜·저자·기타 관계 사항을 간략하게 적은 글.

공경스럽게도 제가 인수대비昭惠王后 전하를 뫼시고, 세조대왕께서 왕위에 오르기 전의 잠저에서부터 양쪽 궁궐 일을 받들어 왔다. (중략) 대비께서는 타고난 성품이 엄정하시어 왕손들 양육에도 엄격하시었다. 조그마한 허물도 덮어두시려 하시지 않으셨고 늘 정색으로 신칙하셨기에 세조 내외분은 그에게 폭빈暴嬪이라는 애정 어린 별명까지 지으셨다.
대비께서는 부녀자들의 무지함을 염려하시어 열녀전烈女傳, 여교女教, 명감明鑑, 소학小學 등의 책에 여자들이 꼭 알아야 할 것들이

흩어져 있음을 안타깝게 생각하시고 슬기롭게 이것을 한 책으로 묶어 펴내셨으니 이것이 바로 내훈內訓이라는 책이다. 비록 어둔하고 어리석은 사람일지라도 쉽게 배우고 익힐 수 있도록 우리말로 옮겨 놓으시기도 하셨다.

《성화 을미 맹동 십유오일 상의 조씨 경발》

이때 조두대는 정5품 상의尙儀였는데 지밀상궁이 아닌 정희대비의 교지와 문서 출납을 전담하고 있었기에 상궁이 아닌 상의의 지위를 받았다. 상의와 상궁의 업무는 다르나 품계는 같다. 정희대비뿐 아니라 인수대비와도 각별한 인연을 이어간 조두대는 성종 14년1483 정희대비가 승하한 후에 인수대비 처소에서 상궁으로 지내며 계속해서 권력을 누렸다.

조두대가 권력을 유지할 수 있던 이유

성종은 재위 7년째 되던 해 친정을 시작했는데 이는 정희대비가 먼저 수렴청정을 중단한다고 선언한 덕분이었다. 하지만 과정은 그리 순탄하지 않았다. 시작은 성종 6년1475 승정원에 붙은 익명서였다. 내용은 수렴청정 중인 정희대비를 비롯한 정희대비 가문의 외척에 대한 비난이었다. 실제로 정희대비 가문의 외척은 세조에서 성종에 이르기까지 많은 권력과 특혜를 누리고 있었다. 익명서는 관례에 따라 곧 불태워졌으나 이내 내용이 알려졌다.

승정원에서 아뢰기를, "익명서가 승정원의 문에 붙어 있었는데 찢어져서 전문을 알 수가 없었습니다. 그 가운데 '강자평이 진주목사가 된 것은 대왕대비의 특명이다.' 하는 내용이 있었고, 또 윤사흔정희대비의 남동생·윤계겸윤사흔의 아들·민영견·어유소·이철견정희대비의 이종조카·이계전의 성명 밑에 적賊자가 있었고, 많은 욕이 쓰여 있었습니다. 익명서는 비록 국사에 관계되는 일이라 하여도 부자 사이에도 말할 것이 못되기 때문에 곧 불태워버렸습니다. 그러나 신 등이 본 것을 아뢰지 않을 수는 없었습니다." 하니 임금이 전교하기를, "보아서 쓸데없는 것은 태우는 것이 마땅하다." 하였다.

《성종실록》 61권 | 성종 6년 11월 18일

성종은 익명서를 처리하기 부담스러웠지만 익명서를 쓴 자를 처벌해야 또 다른 익명서가 붙는 일을 막을 수 있었다. 성종은 익명서에 대해 제보하는 자에게 상을 내리겠다고 선포했다. 곧 제보자가 등장했는데 제보 내용은 성종과 정희대비를 더욱 곤란하게 만들었다.

친군위 권즙이 승정원에 이르러 이르기를, "신의 인척인 박윤형이 신의 집에 이르러 신에게 말하기를, '최개지가 다른 사람과 노비 소송을 하였는데, 그 사람이 이연손의 아내 윤씨정희대비의 언니를 의지하여 대왕대비께 아뢰고, 또 윤사흔·이철견이 가만히 도왔으며, 계집종으로 하여금 판결사 김극유에게 요청하게 하였기 때문에 최개지가 이기지 못하였다.'라고 하였습니다." (중략) 박윤형과 최개지를 잡아오도록 하였다. 박

> 윤형이 공술하여 이르기를, "(중략) 최개지의 말이, '최여문이 노비를 이연손의 아내 윤씨에게 주고, 강구생도 또한 노비와 양전良田을 노 이상노사신에게 주었으므로, 내가 이기지 못하게 된 것이다' 하였으며 (중략)"
>
> 《성종실록》 62권 | 성종 6년 12월 10일

제보의 골자는 최개지가 최여문과 노비 소송을 했는데 최여문이 유리한 판결을 받기 위해 정희대비의 언니를 통해 정희대비에게 자신의 사정을 호소했다는 내용이었다. 이때 정희대비의 남동생과 조카가 최여문을 도왔고 최여문은 뇌물로 정희대비의 언니에게 노비를 선물했다. 즉, 익명서를 붙인 범인은 억울하게 소송에서 패소해 앙심을 품은 최개지일 수도 있다는 제보였다. 외척의 권력 남용과 뇌물 수수 등 비리가 고스란히 밝혀졌으니 정희대비의 체면은 말이 아니었다. 신하들은 관련 내용을 명백히 밝혀야 한다고 주장했고 윤사흔과 이철견 등은 결백을 주장했다. 성종은 할머니 정희대비의 친인척을 처벌할 수 없었기 때문에 난처했다.

(중략) 좌부승지 현석규가 아뢰기를, "이제 권즙을 국문하니, 그 말이 그 전에 공술한 바와 대략 같

았습니다. 다만 이철견이 말馬을 강구생에게서 받고, 판결사에게 청했으며, 또 조전언曺典言=조두대과 더불어 수양을 삼았기 때문에, (중략) 조전언이 대비에게 아뢰지 아니하고 (중략) 또 말하기를 '익명서는 사람들이 모두 최개지를 가리키기 때문에 최개지의 소위라고 의심했다.'고 합니다. 신 등이 그 말의 내력을 물었더니 곧 최여문의 입에서 나왔다고 했는데, 최여문은 바로 최개지와 노비 소송을 하는 자인 것입니다. (하략)"

《성종실록》 62권 | 성종 6년 12월 13일

익명서에 대한 조사는 계속되어 마침내 정희대비에게 대궐 안팎의 소식을 전하는 서사상궁 조두대의 이름까지 오르내리기 시작했다. 곧 조두대는 정희대비의 조카 이철견의 수양딸이자 그와 사귀는 사이라는 말까지 나왔다. 임금의 승은 외에 평생을 수절해야 하는 궁녀가 외척의 수양딸이 되고 양아버지와 사귄다니 실로 엄청난 일이었다. 성종은 서둘러 사건을 덮고자 했고 익명서를 이미 불태워 사실 여부를 추궁하기 애매하다고 거듭 둘러댔다. 하지만 성종의 말은 설득력이 없었다. 결국 정희대비가 직접 나서서 모든 일은 자신이 여인의 몸으로 정사를 행했기 때문이라고 자책하고 변명했다.

(중략) 대왕대비가 전교하기를, "전대에 조정의 정사를 다스린 이는 모두 현후현명한 왕후였지만 나는 그렇지 못하여 이런 일이 있는 데에 이르렀다. 최개지가 이르기를, '조전언이 이철견의 수양이기 때문에 송사를 아뢰지 아니하고 판하하였다.'고 하였으나 가령 수양이라 하여 어찌 아뢰지 않을 이치가 있겠는가? 또 말하기를 '조전언이 이철견에게 곡식 1백 석을 주었다.'고 했는데, 이는 지난번에 내가 이철견의 어미가 많은 자녀를 거느리고 가난하게 살기 때문에 특별히 곡

식 1백 석을 준 것이고, 조전언이 한 바는 아니다. 그 말의 출처를 승지가 비록 묻지 말라고 청하였으나, 내가 이를 묻고자 한다." 하였다. (하략)

《성종실록》 62권 | 성종 6년 12월 13일

이로부터 한 달 후, 정희대비는 수렴청정을 거두겠다며 조두대와 일가친척의 처벌을 막고 모든 사건을 덮어버렸다. 성종과 대신들이 수렴청정을 거두지 말라고 거듭 청하였으나 정희대비는 단호했다. 성종이 이미 20세였기에 정희대비 역시 수렴청정을 거둘 시기를 고민했겠지만 이처럼 불명예스럽게 변명하듯 끝날

줄은 알지 못했으리라.

수렴청정을 거두겠다는 정희대비의 마지막 교지를 작성한 사람 역시 조두대였다. 자신을 보호하기 위해 권력을 내려놓겠다는 정희대비의 말을 문서로 작성하면서 조두대는 어떤 생각을 했을까. 정희대비가 조두대를 보호한 이유는 단순히 그를 아끼고 의지했기 때문만은 아니었다. 정희대비뿐 아니라 정희대비의 일가 친척의 비리와 조두대가 한 몸처럼 연결되어 있었기 때문이다. 조두대가 권력을 누릴 수 있던 이유이자 면책의 이유였다.

대왕대비가 상전[13] 안중경을 시켜 언문 편지 1장을 가지고 원상에게 전하게 했는데, 그 언문의 뜻은 이러하였다. "(중략) 나는 한 가지 일도 척리외척로 인하여 한 것은 없었는데도, 지금 익명서에 말한 것은 오로지 내 몸을 지칭하였으니, 최개지의 말을 듣고는 마음이 실로 편안하지 못하다. (중략) 부모가 일찍이 별세하셨으므로 내가 끊임없이 형제를 보고 싶어 하였었다. 그러나 서로 만나보

13) 내시부의 정4품 벼슬로 왕명王命을 전달하는 일을 담당했다.

는 즈음에는 옛날 친정집에 있을 때의 희롱한 일을 이야기한 데 불과할 뿐이니, 비록 사사로 청하는 일이 있더라도 내가 어찌 감히 주상에게 알릴 수가 있겠는가?

(중략) 이 일은 바로 이른바 까마귀 날자 배 떨어지는 격으로 우연한 일치로 남의 혐의를 받게 되는 것이다. (중략) 내가 여러 가지로 생각해 보아도 나의 처사는 반드시 그릇된 까닭으로 일마다 나를 지척웃어른의 언행을 지적하여 탓함하더라도 드러내어 변백변명할 수가 없다. (중략) 내가 정치에 참여하는 것은 더욱 싫어하는 바

이다. 이에 사사사임, 은퇴하는 사정을 감추어 경 등에게 알린다."

(하략)

《성종실록》 63권 | 성종 7년 1월 13일

생전의 무한한 영광, 무덤에서 받은 형벌

성종 7년1476, 성종의 친정이 시작됐다. 성종은 간택 후궁이던 숙의 윤씨를 계비로 삼았다. 성종 4년1473에 입궁한 간택 후궁 네 명 중 성종의 사랑을 가장 많이 받은 숙의 윤씨는 왕비가 된 지 두 달만에 원자를 낳았다. 조선이 건국된 이후 경복궁에서 왕과 왕비의 장남으로 태어난 첫 원자였으니 그가 바로 훗날의 연산군이다.

연산군이 태어난 후 왕비 윤씨는 다른 후궁이 성종의 승은을 받는 것을 극도로 경계했고 그 과정에서 질투의 화신이 되어 많은 잘못을 저질러 대비의 노여움을 샀다. 특히 성종의 친어머니 인수대비는 왕비 윤씨의 말과 행동이 불안하고 못마땅했다. 결국 왕비의 자리에 오른 지 3년 만에 윤씨는 폐출당했고 성종 10년1479에 사약을 받고 세상을 떠났다. 성종은 이 사건을 불문에 부쳤고 특히 세자 연산군이 알지 못하게 했다. 대궐은 다시 평온을 되찾았다. 새롭게 왕비의 자리에 오른 중전 윤씨정현왕후를 비롯하여 성종의 후궁들은 투기하거나 총애를 다투지 않고

대비들에게 효를 다했다. 성종의 왕비 정현왕후가 있어도 인수대비와 정희대비가 내명부의 실세였기에 조두대 역시 조정의 일에 관여하지 않았을 뿐 궁녀로서 막강한 영향력을 발휘했다.

성종 14년1483, 정희대비는 온양행궁에서 요양하던 중 세상을 떠났다. 바로 전해인 성종 13년1482, 성종은 조두대가 영구히 양인이 되는 것을 허락했다. 또 어머니 인수대비를 살뜰하게 모시는 조두대를 위해 그의 친인척에게 아낌없이 성은을 베풀었다. 노비의 신분을 벗어나기가 낙타가 바늘 구멍을 통과하는 것보다 어려웠던 조선시대, 조두대는 세종 27년1445 광평대군의 노비 신분으로 궁녀가 된 지 거의 40년 만에 자신의 힘으로 양인의 신분을 쟁취했고 그 영광은 친인척까지 이르렀다.

> (중략) "사비 두대는 세조조 때부터 지금에 이르기까지 내정에서 시중하여, 부지런하고 삼가서 공功이 있으니, 영구히 양인良人이 되는 것을 허락한다." (하략)
>
> 《성종실록》 145권 | 성종 13년 윤8월 11일

> "상궁 조씨에게 공功이 있으니, 그의 사촌 형 조철주를 겸사복으로 삼도록 하라."
>
> 《성종실록》 217권 | 성종 19년 6월 17일

> (중략) 인수 왕대비전의 시녀인 상궁 조씨의 동생을 다 영구히 양인良人이 되도록 허가하라고 명하였다.
>
> 《성종실록》 220권 | 성종 19년 9월 18일

1494년 12월 성종이 38세에 승하하자 세자 연산군이 19세로 왕위에 올랐다. 연산군은 즉위 초에 아버지 성종과 할머니 인수대비가 아끼는 늙은 상궁 조두대에게 상을 내리고자 했다. 하지만 조두대는 이미 양인이었고 조두대의 사촌은 이미 관직을 받았기에 조카 딸 취양비와 조두대의 조카이자 양자인 조복중에게 양인의 신분을 내렸다.

"상궁 조씨가 공이 있으니 상을 주어야 하겠다. 그 조카딸 취양비와 조카 조복중은 영구히 양민良民이 될 것을 허락한다." (하략)

《연산군일기》 5권 | 연산 1년 5월 11일

하지만 여러 대에 걸쳐 조두대에게 베풀어진 성은이 너무 과하다는 이유로 신하들의 격렬한 반대에 부딪혔다. 결국 취양비만 양인이 됐고 조복중은 양인이 되지 못했으나 그것만으로도 차고 넘치도록 과분한 은덕이었다.

조두대가 정확히 언제 세상을 떠났는지는 전해지지 않는다. 연산군 재위 초반에 인수대비를 마지막 주인으로 모셨던 조두대는 연산군 10년1504 갑자사화가 일어나기 훨씬 전에 세상을 떠났다. 노비 출신 궁녀로서 모든 영광을 누렸고 좋은 시대와 좋은 주인을 만나 타고난 천부적인 재능을 마음껏 발휘하며 출세하고 천수를 누린 행복한 삶이었다.

하지만 이 행복은 몇 년 후 갑자사화로 산산조각난다. 지위 고하와 생사 여부를 따지지 않고 어머니 폐비 윤씨의 폐위와 죽음에 관련된 이들을 모조리 숙청한 연산군은 이미 죽은 한명회를 관에서 꺼내어 목을 자르고 뼛가루를 바람에 날려버리라는 명을 내렸다. 성리학 국가인 조선에서 시신 훼손은 최악의 형벌이었다. 한명회만큼이나 큰 권력을 오랫동안 누렸던 조두대도 같은 형벌을 받았다.

"회릉폐비 윤씨께서 폐위당할 때 귀인 권씨와 봉보부인 백씨[14], 전언 두대 등이 모두 모의에 참여하였으니, 백씨와 두대는 모두 관을 쪼개어 능지凌遲하며, (중략) 부수찬 이희보와 내관 한 사람을 금천 백씨의 묘소로 보내고, 교리 심정과 내관 한 사람을 양주 두대의 묘소로 보내되, 모두 급전을 타고 가서, 백씨와 두대의 부관참시 상

14) 문종의 세자빈이었던 현덕왕후 권씨의 몸종으로 경혜공주와 단종 그리고 성종의 유모였던 백어리니.

황을 감시하게 하였다.

《연산군일기》 52권 | 연산 10년 4월 23일

"(중략) 두대豆大는 궁액에 오래 있어 여러 조정을 섬기매 은총에 의지하여 그 음사陰邪를 마음껏 하여 곤극坤極을 위태롭게 하고자 꾀하여 엄·정에게 붙어서 참소와 모함이 날로 심하여 큰 변을 가져왔으니, 그 죄악을 헤아리면 위로 종사宗社에 관계됨이라. 이에 명하여 부관하여 능지하고, 그 양자養子와 동기를 결장하고 그 재산을 적몰하고 그 집을 저택하고 돌을 세워 죄악을 적게 하여 후세의 불궤를 꾀하여 무리지어 악행하는 자를 경계하노라."

《연산군일기》 54권 | 연산 10년 6월 28일

"두대·송흠·한치형·이파·윤채·정진·정옥경은 뼈를 부수어 바람에 날리라."

《연산군일기》 57권 | 연산 11년 1월 2일

"어리니·홍식·강형·엄산수·정인석·정진·정옥경·윤채·조지서·이파·두대·송흠·한치형·이극균·이세좌·이총·윤필상·김순손·이덕숭의 뼈를 부순 가루를 강 건너에 날리라."

《연산군일기》 57권 | 연산 11년 1월 26일

세조를 따라 부처님께 지극한 불공을 올리고 불사를 하며 부귀영화와 출세를 바랐던 조두대. 그의 소원은 이루어졌다. 하지만 생전의 영광만을 기도했기 때문일까. 시신이 관에서 꺼내져 목이 잘리고 뼈가 가루가 되도록 부서져 바람에 날렸으니 극락왕생은 이루지 못했다. 성종이 성종 13년1482에 조두대에게 양인 신분을 허락했을 때 사신은 이렇게 기록을 남겼다.

(중략) "두대는 성이 조가이고 광평대군의 가비家婢인데, 성품이 총명하고 슬기로우며, 문자를 해득뜻을 깨우쳐 앎하였고, 누조에 내정에서 시중하여, 궁중의 고사를

많이 알고 있었으며, 정희왕후가 수렴청정할 때에는 기무를 출납하여 기세가 대단하였으므로, 그 아우가 대관과 더불어 길을 다투는 데까지 이르러서 큰 옥사를 이루었으니, 그가 조정을 유린하는 것이 이와 같았다. 문을 열어 놓고 뇌물을 받아들이니, 부끄러움이 없는 무리들이 뒤질세라 분주하게 다녔다. (하략)"

《성종실록》 145권 | 성종 13년 윤8월 11일

사관은 조두대가 권력을 누리자 그의 일가친척이 교만해 조정 신하와 길을 다투고 조정 신하의 하인을 폭행하기에 이르렀던 문제를 빠짐 없이 《조선왕조실록》에 남겼다. 조두대는 부처님의 인과응보와 함께 역사의 심판은 시차가 있을지언정 한 치의 오차가 없다는 것을 여실히 보여준 인물이다.

세종-연산군 시대의 주요 사건조두대 중심

세종 7년1425년	5월 2일, 광평대군세종과 소헌왕후의 5남 탄생
세종 8년1426년	3월 28일, 금성대군세종과 소헌왕후의 6남 탄생
세종 9년1427년	11월 8일, 평원대군세종과 소헌왕후의 7남 탄생
세종 16년1434년	4월 15일, 영응대군세종과 소헌왕후의 8남 탄생
세종 18년1436년	1월 13일, 광평대군, 신자수의 딸과 혼인 4월 16일, 광평대군과 금성대군, 성균관 입학
세종 19년1437년	6월 3일, 광평대군이 무안대군태조 이성계와 신덕왕후 강씨의 첫째 아들의 후사가, 금성대군이 의안대군태조 이성계와 신덕왕후 강씨의 둘째 아들의 후사가 됨
세종 20년1438년	의경세자수양대군의 장남 탄생
세종 23년1441년	7월 23일, 원손제6대 단종 탄생 7월 24일 세자빈 권씨현덕왕후, 단종의 어머니 사망
세종 26년1444년	7월 3일, 영순군광평대군과 신씨의 장남 탄생 12월 8일, 광평대군 사망
세종 27년1445년	1월 16일, 평원대군 사망

세종 28년1446년	3월 24일. 소헌왕후가 수양대군 저택에서 승하 9월 29일. 훈민정음 반포 수양대군 세종의 명으로 불경번역본 <석보상절> 완성 세종, <석보상절>을 찬탄하는 <월인천강지곡> 지음
세종 29년1447년	7월 17일, 경복궁 문소전 서북쪽에 내불당법당 설치
세종 32년1450년	1월 1일, 해양대군제8대 예종, 수양대군의 차남 탄생 2월 17일, 세종이 영응대군 저택에서 승하 2월 22일, 문종 즉위
문종 2년1452년	5월 14일, 문종 승하 5월 18일, 단종 즉위
단종 1년1453년	10월 10일, 수양대군이 한명회 등과 계유정난을 일으킴
단종 2년1454년	1월 22일, 단종이 송현수의 딸을 왕비로 맞이함
단종 3년1455년	윤6월 11일, 단종이 수양대군에게 선위임금의 자리를 물려줌함
세조 1년1455년	수양대군이 단종의 선위를 받아 즉위

세조 2년1456년	6월 1일, 세조가 단종과 창덕궁에서 명나라 사신을 맞이함 6월 2일. 김질이 성삼문 등의 모반을 고함 6월 6일, 집현전이 폐지됨
세조 3년1457년	1월 29일, 단종이 금성대군 저택에 유폐됨 6월 21일, 단종이 노산군으로 강등, 영월에 유배됨 7월 30일, 자을산군제9대 성종 탄생 9월 2일, 의경세자세조의 장남, 성종의 아버지 사망 10월 21일, 금성대군 유배지에서 단종 복위 계획 및 실패, 사사 10월 24일, 단종노산군이 영월에서 사망 12월 15일, 해양대군 세자 책봉
세조 5년1459년	<월인석보 : 석보상절+월인천강지곡> 간행
세조 6년1460년	4월 11일, 한명회의 셋째딸 세자빈 책봉
세조 7년1461년	6월 16일, 간경도감불경 번역 및 간행을 위한 기관 설치
세조 8년1462년	10월 29일, 세조가 오대산 상원사에 거둥임금의 나들이하여 문수보살을 친견

세조 9년1463년	9월 2일, 간경도감에서 <법화경>을 바침
세조 12년1466년	윤3월 13일, 세조가 오대산 상원사에 거둥
세조 13년1467년	1월 12일, 자을산군, 한명회의 넷째딸과 혼인 2월 2일, 영웅대군 사망 4월 8일, 원각사 10층 석탑 완공 10월 23일, 조두대가 양인이 되도록 함
세조 14년1468년	9월 7일, 세자에게 전위임금 자리를 후계자에게 전해줌 9월 8일, 세조 승하
예종 1년1469년	11월 28일, 예종 승하, 성종 즉위
성종 4년1473년	3월 19일, 윤기견의 딸폐비 윤씨을 숙의로 맞이함 6월 14일, 윤호의 딸정현왕후을 숙의로 맞이함
성종 5년1474년	4월 15일, 공혜왕후한명회의 넷째딸 승하
성종 7년1476년	8월 9일, 숙의 윤씨폐비 윤씨를 왕비로 책봉 11월 6일, 원자제10대 연산군 탄생
성종 10년1479년	6월 2일, 왕비를 폐출하는 교서를 내림

성종 13년1482년	8월 16일, 폐비 윤씨를 사사함 윤8월 11일, 조두대가 영구히 양인이 되도록 함
성종 14년1483년	3월 30일, 자성대비세조의 왕비가 온양 행궁에서 승하
성종 19년1488년	6월 17일, 조두대의 사촌 조철주를 겸사복으로 삼음 9월 18일, 조두대의 동생이 영구히 양인이 되는 것을 허락함
연산군 1년1495년	5월 11일, 조두대의 조카 조철중과 취양비가 양민이 되는 것을 허락함
연산군 10년1504년	4월 23일, 폐비와 관련된 일을 처벌하며 조두대를 부관참시 4월 27일, 인수대비 승하
연산군 11년1505년	1월 2일, 조두대의 뼈를 부수어 바람에 날리게 함

세종과 소헌왕후의 아들과 손자

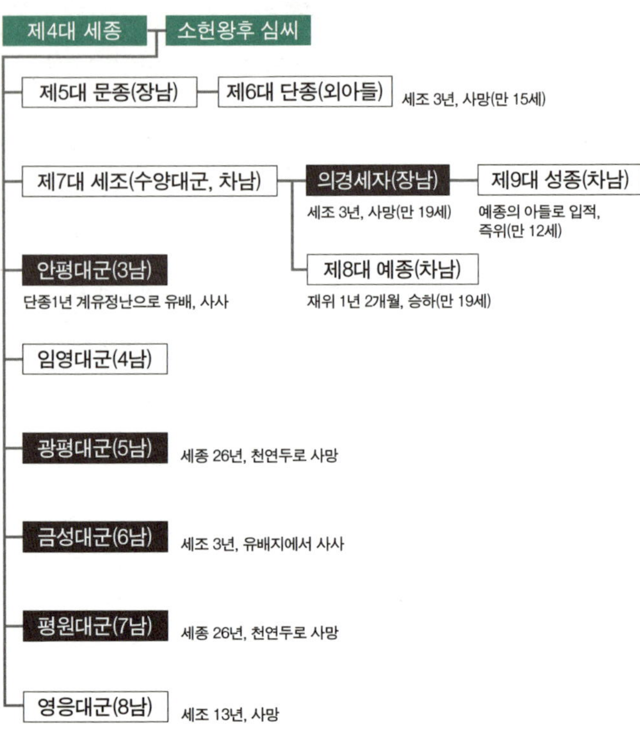

3분 실록 궁녀 안내서

Q1. 조선시대에는 어떤 사람들이 궁녀가 되었나요?

조선 제21대 임금 영조 대에 편찬된 《속대전》[15)]에는 궁녀의 선발 기준이 명확

15) 영조 22년1746에 문신 김재로金在魯 등이 왕명을 받아 《경국대전》 시행 이후 공포된 법령 중에서 시행할 법령만을 추려서 편찬한 통일 법전으로 총 6권 4책으로 이루어져 있다. 《속대전》은 형전刑典을 통해 백성에 대한 가혹한 형벌을 크게 완화했고 기득권에게 남용되던 악형 폐지에 주력한 것이 특징이다. 1700년대 조선의 사회, 경제, 법제, 문화 등을 연구하는 데 중요한 자료로 인정받는다.

하게 나와 있습니다.

궁녀는 각사의 하전으로서만 선발해 들인다. 내수사의 여자 종은 궁녀로 충당하거나 선발해도 괜찮지만, 시비는 특교가 아니면 궁녀로 선발하지 않는다. 양가의 여성은 일체 논하지 않는다. 양인이나 시비를 혹시 궁녀로 추천하여 보내거나, 혹 속이고 들어가게 하는 자는 장 60에 도 1년의 형벌에 처한다. 종친부와 의정부의 노비는 시녀나 별감으로 선정하지 않는다.

《속대전》 형전刑典 공천公賤

궁녀가 될 수 있는 이들을 명시한 《속대전》을 보면 영조 이전까지 여러 계층, 여러 분야의 여인이 궁녀가 됐습니다. 하지만 인조 이후 효종과 현종, 숙종과 경종을 거쳐 영조에 이르기까지 양인 여성을 궁녀로 선발하려 할 때마다 백성의 동요와 반발이 컸습니다. 이를 고려해 영조는 《속대전》을 편찬하면서 궁녀를 선발할 때 내수사의 노비를 가장 우선으로 뽑으라고 명시했습니다.

내수사는 조선 임금이 사적으로 소유한 토지와 노비가 소속된 기관이기 때문에 궁녀를 선발할 때 백성의 동요나 비판에서 자유로웠습니다. 이에 영조는 양인 여성이 궁녀가 될 수 없게 했고 내수사

외의 기관에서 궁녀를 선발할 경우, 반드시 왕의 명령이 있어야 한다고 강조해 백성의 마음을 헤아렸습니다.

조선의 제23대 임금인 순조가 공노비 해방을 시행했을 때 내수사 및 궁방에 소속된 노비의 수는 약 3만 7천 명에 달했으니 내수사에는 궁녀로 충원하기에 충분한 노비가 소속되어 있었습니다. 조선 후기인 순조의 공노비 해방 이후에는 여러 계층의 여인이 궁녀가 될 수 있었습니다. 조선 왕조 몰락 후 고종 황제의 궁녀였던 이들의 증언에 따르면 궁녀를 선발할 때 각 처소 나인의 친족 중에서 선발 혹은 선정했다고 합니다. 궁녀가 되기 위한 신분의 구애가 사라진 반면 연줄이 훨

씬 중요해진 것입니다.

Q2. 내수사에서 차출된 노비 외에 다른 방법으로 입궁한 궁녀도 있었나요?

내수사 외에 종친 관련 부서에서 근무하던 노비가 궁녀가 되기도 했습니다. 조선 제7대 임금 세조와 제9대 임금 성종의 신임을 받았던 상궁 조두대는 세종의 다섯째 아들 광평대군의 집에 소속된 노비였습니다.

대군방이나 공주방, 옹주방 등을 통해 궁녀가 되는 이도 있었습니다. 그 외에 간택을 통해 입궁하는 왕비, 후궁, 세자빈 등이 궁에 들어갈 때 본가에서 부리던 노비나 시녀 등이 함께 입궁해 궁녀가 됐습니다. 사도세자의 정실 혜경궁 홍씨는《한중록》에서 자신이 친정에서 데리고 온 유모 등의 시녀가 궁녀가 됐다고 상세하게 기록했습니다.

Q3. 몇 살부터 궁녀가 될 수 있었나요?

궁녀는 나이를 보고 뽑지 않고 충원 인력이 필요할 때마다 뽑았습니다. 나이 제한을 두지 않았기 때문에 입궁 나이는 모두 달랐지만, 대략 6~14세 사이에 궁녀가 됐습니다. 궁녀의 나이에 대해서는 정확한 법이나 규칙보다는 몇 가지 관습이 있었습니다. 각 처소의 대비나 왕비는 어린 궁녀를 선호했습니다. 어려서 입궁해 궁중 생활을 잘 배우고 익힌 궁녀일수록

업무 처리가 능숙하고 유능했기 때문입니다. 중종의 후궁이자 선조의 할머니인 창빈 안씨는 9세에 궁녀로 입궁했다는 기록이 남아 있으며, 선조의 후궁이자 인조의 할머니인 인빈 김씨 역시 어린 나이에 입궁했다고 전해집니다. 영조의 어머니 숙빈 최씨는 신도비[16]에 따르면 7세에 궁녀로 입궁했다는 기록이 남아 있습니다.

궁녀가 일정 기간의 훈련을 거쳐 처소에 배치될 때는 나이와 성향, 인맥 등 여러 가지가 고려됐습니다. 가장 가까이에서 주인을 보필해야 하는 지밀 혹은 바

16) 죽은 사람의 평생 사적을 기록하여 무덤 앞에 세운 비.

느질 등 기술이 필요한 침방이나 수방 등에는 어린 궁녀가 배치되어 훈련을 받았고, 음식을 만드는 생과방이나 소주방이나 세탁 등을 담당하는 세답방에는 바로 업무를 시작할 수 있는 10세 이상의 궁녀가 배치됐습니다.

Q4. 궁녀도 궁에서 숙식을 해결했나요?

아기 궁녀 시절에는 따로 처소가 없고 선배 궁녀나 독립된 처소를 가진 직속 상궁의 방에서 함께 생활했습니다. 결혼하지 못하고 자식이 없는 상궁은 아기 궁녀를 딸이나 조카, 동생처럼 생각하고 의지하며 업무를 가르쳤습니다.

계례를 마치고 정식 궁녀가 된 나인

은 비록 방 한 칸에 불과할지라도 독립된 공간을 가질 수 있었습니다. 이곳에 친정에서 보내준 가구 등을 놓기도 하고 취향대로 방을 꾸밀 수 있었습니다. 보통은 마음이 맞는 동무와 함께 2인 1실을 사용했으며 서로를 '방 동무'라고 불렀습니다. 근무 시간이나 업무가 다르더라도 궁에서 함께 일하고 생활하며 같은 방을 쓰는 또래의 방 동무는 궁녀에게 매우 각별할 수밖에 없었습니다.

자신의 방이 생기면 이때부터 방자각심이와 취반비 등의 시녀노비가 생겼습니다. 이들은 궁녀에게 밥을 지어주고 청소나 빨래 등을 해줬습니다. 나인의 방에 아기 궁녀가 함께 생활하기도 했기에 네 명까지 같은 방을 쓰기도 했습니다. 궁녀가 공동으로 사용하는 취사 구역이나 목욕탕, 화장실 등은 따로 없었고 각자의 방에서 해결했으며 구정물과 오물을 버리는 별도의 공간은 있었으리라 추측합니다. 물론 생활하수와 쓰레기, 오물을 버리는 일은 무수리 같은 하인이 담당했습니다.

3분 실록 참고문헌

《인조대왕과 친인척》 지두환, 역사문화, 2000

《효종대왕과 친인척》 지두환, 역사문화, 2001

《중종대왕과 친인척: 세가》 지두환, 역사문화, 2001

《중종대왕과 친인척: 왕비》 지두환, 역사문화, 2001

《중종대왕과 친인척: 후궁》 지두환, 역사문화, 2001

《세조대왕과 친인척》 지두환, 역사문화, 2002

《명종대왕과 친인척》 지두환, 역사문화, 2002

《선조대왕과 친인척: 왕과 비》 지두환, 역사문화, 2002

《선조대왕과 친인척 후궁》 지두환, 역사문화, 2002

《광해군과 친인척: 군과 부인》 지두환, 역사문화, 2002

《광해군과 친인척: 광해군 후궁》 지두환, 역사문화, 2002

《성종대왕과 친인척 후궁》 지두환, 역사문화, 2002

《조선의 왕실과 외척》 박영규, 김영사, 2003

《조선 최대 갑부 역관》 이덕일, 김영사, 2006

《왕을 낳은 후궁들》 최선경, 김영사, 2007

《선조: 조선의 난세를 넘다》 이한우, 해냄, 2007

《숙종: 조선의 지존으로 서다》 이한우, 해냄, 2007
《정조: 조선의 혼이 지다》 이한우, 해냄, 2007
《조선왕비실록: 숨겨진 절반의 역사》 신명호, 역사의 아침, 2007
《성종대왕과 친인척 세가》 지두환, 역사문화, 2007
《연산군과 친인척》 지두환, 역사문화, 2008
《한권으로 읽는 조선왕실계보》 박영규, 웅진지식하우스, 2008
《예종대왕과 친인척》 지두환, 역사문화, 2008
《조선공주실록》 신명호, 역사의 아침, 2009
《현종대왕과 친인척》 지두환, 역사문화, 2009
《숙종대왕과 친인척: 숙종세가》 지두환, 역사문화, 2009
《숙종대왕과 친인척: 숙종왕비》 지두환, 역사문화, 2009
《숙종대왕과 친인척: 숙종후궁》 지두환, 역사문화, 2009
《경종대왕과 친인척》 지두환, 역사문화, 2009
《영조대왕과 친인척: 영조세가》 지두환, 역사문화, 2009
《영조대왕과 친인척: 영조후궁》 지두환, 역사문화, 2009
《정조대왕과 친인척: 정조세가》 지두환, 역사문화, 2009
《정조대왕과 친인척: 왕비와 후궁》 지두환, 역사문화, 2009

《영조를 만든 경종의 그늘: 정치적 암투 속에 피어난 형제애》 이종호, 글항아리, 2009
《영조의 세 가지 거짓말: 드라마를 통해 재조명되는 영조의 출생 비밀》 김용관, 올댓북, 2010
《왕의 여자: 오직 한 사람을 바라보며 평생을 보낸 그녀들의 내밀한 역사》 김종성, 역사의 아침, 2011
《궁녀: 궁궐에 핀 비밀의 꽃》 신명호, 시공사, 2012
《궁녀의 하루: 여인들이 쓴 숨겨진 실록》 박상진, 김영사, 2013
《영조의 어머니, 숙빈 최씨》 이영춘, 한국학중앙연구원, 2013
《대비, 왕 위의 여자: 왕권을 뒤흔든 조선 최고의 여성 권력자 4인을 말하다》 김수지, 인문서원, 2014
《영조의 딸과 사위》 지두환, 한국학중앙연구원, 2014
《왕실 친인척과 조선 정치사》 지두환, 역사문화, 2014
《조선의 왕비가문》 양웅열, 역사문화, 2014
《왕비로 보는 조선왕조》 윤정란, 이가출판사, 2015
《조선왕조여인실록, 시대가 만들어낸 빛과 어둠의 여인들》 배성수, 이봉학, 고기홍, 이종관 공저, 온어롤북스, 2017

《조선왕실의 백년손님: 벼슬하지 못한 부마와 그 가문의 이야기》 신채용, 역사비평사, 2017
《한 권으로 읽는 조선왕조실록》 박영규, 웅진지식하우스, 2017
《5궁과 도성: 서울의 다섯 궁궐과 도성》 공준원, 생각나눔, 2020
《조선왕실의 후궁: 조선조 후궁제도의 변천과 의미》 이미선, 지식산업사, 2021
《수문록1》 김용흠, 원재린, 김정신 역주/이문정 편, 혜안, 2021
《수문록2》 김용흠, 원재린, 김정신 역주/이문정 편, 혜안, 2021
《서궁마마의 눈물: 계축일기》 작자 미상, 김을호 편, 라이프앤북, 2021
디지털 장서각(https://jsg.aks.ac.kr/)
《인현왕후민씨덕행록》 가람문고본
《민중전덕행록》, 규장각 원문 검색 서비스

3분 만에 읽는 조선왕조실록
역사는 흥미롭지만 어렵고 두꺼운 책은 싫은 당신에게 〈3분 실록〉을 추천합니다. 실록에 기록된 내용을 바탕으로 유명한 인물부터 잘 알려지지 않은 인물까지 100% 정사로 풀어냈습니다.

부관참시 당한 비선실세 궁녀

초판 1쇄 발행 2025년 4월 30일

지은이 조민기
펴낸이 김태영

씽크스마트
경기도 고양시 덕양구 청초로 66
덕은리버워크 지식산업센터 B동 1403호

전화 02-323-5609
홈페이지 www.tsbook.co.kr
블로그 blog.naver.com/ts0651
페이스북 @official.thinksmart
인스타그램 @thinksmart.official
이메일 thinksmart@kakao.com

씽크스마트 더 큰 세상으로 통하는 길 '더 큰 생각으로 통하는 길' 위에서 삶의 지혜를 모아 '인문교양, 자기계발, 자녀교육, 어린이 교양·학습, 정치사회, 취미생활' 등 다양한 분야의 도서를 출간합니다. 바람직한 교육관을 세우고 나다움의 힘을 기르며, 세상에서 소외된 부분을 바라봅니다. 첫 원고부터 책의 완성까지 늘 시대를 읽는 기획으로 책을 만들어, 넓고 깊은 생각으로 세상을 살아갈 수 있는 힘을 드리고자 합니다.

도서출판 큐 더 쓸모 있는 책을 만나다 도서출판 큐는 울퉁불퉁한 현실에서 만나는 다양한 질문과 고민에 답하고자 만든 실용교양 임프린트입니다. 새로운 작가와 독자를 개척하며, 변화하는 세상 속에서 책의 쓸모를 키워갑니다. 홍겹게 춤추듯 시대의 변화에 맞는더 '쓸모 있는 책'을 만들겠습니다.

ISBN 978-89-6529-439-9 (04910)